Du CE1 au CE2

7-8 ans

Pirates en péril !

Agnès de Lestrade
écrivain

Anne Popet
conseillère pédagogique

Illustré par
Rémi Saillard

Nathan

Présentation

- Je lis un récit historique entrecoupé d'exercices de :
  français, maths, découverte du monde.
- Je résous des exercices
  qui permettent de reconstituer l'histoire.
- Je vérifie ma réponse :
  - elle est juste → j'accède à la suite de l'histoire ;
  - elle est fausse → le corrigé me guide pour refaire l'exercice.
- Je consulte le mémo en fin d'ouvrage,
  il m'explique la notion abordée dans l'exercice.
- Je regarde la table des matières (p. 94-95)
  pour connaître tous les points du programme abordés dans les exercices.
- Je note les indices sur la page 93,
  un par chapitre, ils prouvent que l'enquête avance et que l'histoire est bien comprise.

Édition : Anne-Sophie Pawlas
Maquette de couverture : Team créatif
Maquette intérieure : Julie Lannes
Composition : Céline Julien

L’île de la Tortue

1

Calico pointe son index vers l’île de la Tortue. Le vent a failli emporter son tricorne. « Que serait un pirate sans son chapeau ? » pense Calico. D’une main, il serre bien fort le mât du corsaire. Le bateau file à toute allure.

– Terre ! Terre en vue à bâbord ! hurle-t-il.

Calico se réjouit de mettre pied à terre. Depuis son départ le 1er mars, le jeune garçon est en mer avec son père Grande Moustache rousse et ses deux compères, Jambe de bois et Boit sans soif. Il a hâte de courir sur le sable, de grimper dans les arbres et, pourquoi pas, de manger du cochon grillé. « Ça changera des biscuits aux vers » se dit le jeune pirate.

Dans son sac, Calico attrape sa longue vue afin de voir d'un peu plus près cette fameuse île de la Tortue. Et soudain, il pousse un cri.

Pourquoi Calico pousse-t-il un cri ?

Pour le savoir, réponds à la question suivante.

Calico est parti le 1er mars. Il a voyagé 6 mois entiers avant d'arriver sur l'île de la Tortue.

En quel mois se passe alors la scène que tu viens de lire ?

a. septembre **b.** août

Si tu as choisi a. → Lis le n° 6.

Si tu as choisi b. → Lis le n° 3.

mémo 15

2

Faux ! La petite aiguille est bien placée, mais la grande aiguille ne doit pas être sur le 12.

→ Refais l'exercice du n° 15.

3

Tu t'es peut-être trompé(e) en énumérant et en comptant les mois. Aide-toi du mémo. Attention, Calico a voyagé 6 mois entiers. → Recommence l'exercice du n° 1.

4

Tu t'es trompé(e) ! Les adjectifs qualificatifs renseignent sur le nom. Tu peux consulter le mémo.

→ Recommence l'exercice du n° 8.

5

Tu t'es trompé(e) ! Il faut chercher la différence d'âge entre l'âge de Calico et celui de son père.

→ Refais l'exercice du n° 14.

6

Calico aperçoit une goélette accostée au port. Un drapeau noir avec une tête de mort flotte au vent. Le jeune pirate glisse rapidement le long du mât. Il court sur le pont, saute au-dessus des tas de cordages, se faufile entre les tonneaux de rhum.

– Papa ! halète-t-il.

Calico reprend son souffle :

– Papa, on ne peut pas accoster !

– Et pourquoi donc fiston ? Qu'est-ce qui pourrait

empêcher Grande Moustache rousse d'aller se promener ?

– Le drapeau noir ! Si on accoste, les pirates de la goélette vont nous attaquer ! C'est ce que tu m'as appris, non ?

Son père éclate de rire. Calico aime le grand rire de son père.

– Calico, c'est un truc de pirate, ça. Personne n'attaque dans un port. En revanche, si tu mets le drapeau noir, on peut imaginer qu'il y a une méchante maladie à bord qui peut te clouer au lit un moment.

– Alors, on va être très malades ?

Les pirates vont-ils être malades ?

Pour connaître la suite, observe le dessin du bateau.
Repasse en rouge sur le carré et en vert sur le rectangle.

Si tu as repassé en vert sur la forme à gauche et en rouge sur la forme à droite → Lis le n° 9.
Si tu as repassé en rouge sur la forme à gauche et en vert sur la forme à droite → Lis le n° 17.

mémo 18

7

Tu t'es trompé(e), ce ne sont pas des phrases injonctives !
→ Refais l'exercice du n° 11.

8

– Tu m'emmènes sur ton bateau et on sera quittes ! dit Fleur.

– Chur mon bateau ? dit Calico, manquant de s'étrangler avec la dernière bouchée. Impossible !

– Et pourquoi ?

– Pour les pirates, les filles sont comme les lapins !

– C'est un sacré compliment ! rit Fleur de toutes ses dents qui brillent.

– Euh… je voulais dire… elles portent malheur, comme les lapins…

– Bon tant pis ! Dommage pour toi ! Je t'avais apporté un dessert.

Et elle sort de sa poche une autre feuille de bananier contenant cette fois un beignet recouvert de sucre.

À la vue du beignet, Calico ne peut pas résister.

– Bon, c'est d'accord. Après tout, mon père est à la taverne. Donc, jusqu'à preuve du contraire, il n'y a aucune raison qu'il le sache, pas vrai ?

Calico va-t-il faire visiter son bateau à Fleur ?

Pour le découvrir, fais l'exercice suivant.

Les mots en bleu dans le texte sont :

a. des noms communs

b. des adjectifs qualificatifs

c. des articles

Si tu as répondu a. → Lis le n° 16.

Si tu as répondu b. → Lis le n° 4.

Si tu as répondu c. → Lis le n° 10.

mémo 4

9

Faux ! Un rectangle a deux grands côtés égaux et deux petits côtés égaux.

→ Retourne à l'exercice du n° 6.

10

Non ! Les articles sont des petits mots qui accompagnent les noms communs.

→ Refais l'exercice du n° 8.

11

– Fleur ! Le repas est prêt ! crie une voix au loin.

Calico a déjà levé ses poings pour se défendre.

– Ne crains rien, dit Fleur. Ce n'est que ma mère…

Une agréable odeur envahit les narines de Calico.

– Ne me dis pas que tu vas manger du cochon grillé ?

– Si… Tu aimes ça ?

– Parsembleu ! J'en rêve depuis… depuis je ne sais même plus combien de temps !

– Si tu m'attends ici bien sagement, je t'en rapporte ! lui propose Fleur.

– Tu ferais ça ?

– Oui ! Je te l'ai dit. J'aime les pirates !

Et Fleur disparaît dans la nuit.

Le cœur de Calico bondit de joie. Il y a des mois qu'il n'avait pas parlé avec une fille de son âge. Et manger du cochon grillé… rien que d'y penser, son estomac gargouille de plaisir !

Une heure plus tard, Fleur est de retour, tenant dans la main une feuille de bananier qui contient le précieux cochon grillé. Calico se jette sur la viande fumante. Il la mange sans attendre :

– Merchi ! Je ne chais pas comment je pourrais te remerchier…

– Moi, je sais, dit Fleur.

Comment Calico va-t-il pouvoir remercier Fleur ?

Pour le découvrir, résous l'exercice.
Dans le texte que tu viens de lire, deux phrases sont en bleu.
Relis-les et entoure la bonne proposition ci-dessous.

a. Il s'agit de phrases exclamatives.
b. Il s'agit de phrases interrogatives.
c. Il s'agit de phrases injonctives.

Si tu as répondu a. → Lis le n° 12.
Si tu as répondu b. → Lis le n° 8.
Si tu as répondu c. → Lis le n° 7.

mémo 1

12

Faux ! Ce ne sont pas des phrases exclamatives ! Regarde bien la ponctuation.

→ Refais l'exercice du n° 11.

13

Non ! La grande aiguille est bien placée, mais la petite aiguille ne doit pas être sur le 3.

→ Recommence l'exercice du n° 15.

14

– Comment tu t'appelles ?

Calico bondit, prêt à se défendre. Même sur terre, il ne faut pas perdre ses réflexes de pirate.

Une fille de son âge se tient devant lui. Elle a de longs cheveux noirs coiffés en tresse, une robe rose et des yeux qui brillent dans la nuit.

– Euh… Calico… Et toi ?

– Je m'appelle Fleur. J'habite juste ici.

Elle désigne une petite maison en bois perchée sur la dune.

– Tu es pirate ?

– On peut dire que tu es maligne ! répond Calico.

C'est sûr qu'avec son bandeau noir sur le front et sa boucle d'oreille en or, il ne ressemble pas à un paysan.

– Je n'ai pas peur des pirates, dit Fleur. Tu sais pourquoi ?

Calico avait oublié que les filles pouvaient être aussi bavardes !

– Non, mais tu vas me le dire…

– Eh bien, parce que mon père était le plus grand des pirates.

Calico n'a pas le temps de répondre qu'un cri retentit dans la nuit.

Qui a crié ?

Voici encore un petit problème. Sauras-tu le résoudre pour connaître la suite ?

Calico a 8 ans, comme Fleur. Grande Moustache rousse a 46 ans.

Combien d'années a-t-il de plus que Calico ?

a. 38 ans **b.** 54 ans

Si tu as trouvé a. → Lis le n° 11.
Si tu as trouvé b. → Lis le n° 5.

mémo 13

15 

– Morbleu ! Qu'est-ce que c'est que ce bazar ? crie Grande Moustache rousse en sortant son sabre d'abordage.

– Ce n'est rien, capitaine ! hurle Jambe de bois. Juste une famille de requins qui nous souhaite la bienvenue ! Hahahaha !

Calico ne rit pas. Les requins, il en a vu passer tout au long du voyage. Mais si près, jamais ! Et voilà que maintenant il doit sauter du corsaire ! Plonger ses pieds dans cette eau remplie de petites dents pointues.

– Allez moussaillon, plus vite ! On n'a jamais vu de monstres marins dans si peu d'eau !

Boit sans soif vient de surgir de la coquerie*. Il sent la viande fumée et l'eau sale. Calico a pitié du cuisinier qui n'a pas inventé la poudre… ce qui est bien le comble pour un pirate !

Enfin, les quatre pirates posent pied à terre.

– Bon, fiston, nous, on va faire ribote** entre hommes. On se retrouve à la taverne de la Tortue. C'est là qu'on dormira ce soir. Maintenant, file t'amuser !

Calico a des ailes. Enfin, un peu de liberté ! Pour trois jours, fini les gardes de nuit, la viande pourrie et les espaces riquiqui. Il court sur la plage, ramasse une dizaine de crustacés qu'il avale sans les mâcher. Puis il s'allonge comme un bienheureux pour contempler la lune qui éclaire le ciel. Les pieds dans le sable chaud, la tête dans les étoiles, il s'endort.

Soudain, il est réveillé en sursaut.

---

* La cuisine.
** Un festin.

Pourquoi Calico s'est-il réveillé en sursaut ?

Pour le savoir, résous ce problème.

Quand Calico se réveille, il est 19 h 30.

Mets une croix sous l'horloge qui indique l'heure à laquelle il se réveille.

a. **b.** **c.**

Si tu as choisi a. → Lis le n° 2.
Si tu as choisi b. → Lis le n° 13.
Si tu as choisi c. → Lis le n° 14.

mémo 17

16

Bravo ! → Va au chapitre 2 pour connaître la suite de l'histoire.

17

– Mais non ! s'exclame son père. Ils veulent juste avoir l'île pour eux tout seuls ! Ils comptent nous effrayer, fiston ! Mais toi et moi, on est de vrais pirates, n'est-ce pas ? On n'a peur de rien.

Calico essaie de contenir ses tremblements.

Après tout, il n'a que huit ans. Avant de prendre la mer avec son père, il vivait avec sa mère et ses deux petites sœurs. Ce n'était qu'un petit garçon qui aimait jouer aux dés et construire des cabanes. Calico sent une boule dans sa gorge comme à chaque fois qu'il pense à elles.

– Allez ! On accoste ! Marins, à vos postes ! hurle Grande Moustache rousse.

« Un pirate qui se respecte n'a pas de sentiments » pense Calico. Tandis que Jambe de bois affale* la grand-voile et baisse l'ancre du corsaire, le bateau se met à bouger dangereusement.

*Descend.

Que se passe-t-il pour que le bateau bouge dangereusement ?

Tu le sauras en répondant à cette question.

Dans le texte, il est écrit :

« Il vivait avec sa mère et ses deux petites sœurs. »

De qui s'agit-il ?

Écris ta réponse :

C'est ton PREMIER INDICE. N'oublie pas de le noter sur ta page-indices, p. 93.

Maintenant, → lis le n° 15 pour poursuivre l'histoire.

2

Le bateau pirate

1 

Calico prend la main de Fleur et l'entraîne vers le port.

– C'est lequel, ton bateau ?

Calico désigne le corsaire qui gîte contre les rochers.

– Celui-là ! désigne Calico.

– Mais… c'est un bateau de pauvre, ça !

C'est vrai que le corsaire de Grande Moustache rousse n'a pas fière allure.

– Les bateaux sont comme les gens ! répond Calico, un peu vexé. Il y a des riches et il y a des pauvres. Ce n'est pas le bateau qui fait le bon pirate. C'est le courage.

– Ça, c'est bien dit !

Puis Calico baisse la tête et murmure :

– Tu sais, mon père n'a pas toujours été pirate. Avant, il était paysan. Nous vivions sur l'île de Mayo. Et puis, un jour…

Que s'est-il passé dans l'enfance de Calico ?

Pour le savoir, réponds à la question suivante.
Qu'est-ce qui fait qu'un homme est un bon pirate ?

Écris ta réponse :

C'est ton DEUXIÈME INDICE. N'oublie pas de le noter sur ta page-indices, p. 93.

Maintenant, → lis le n° 5.

2 

Un rat aussi gros qu'une jambe de cochon grillé passe à côté des deux enfants. Fleur se met à hurler :

– Mais… C'est quoi ce monstre ?

– Tu jures comme les hommes mais tu es peureuse comme une fille ! rit Calico. Ce n'est rien ! Juste un rat… Il vit ici, avec toute sa famille…

Fleur serre la main de Calico.

– Bon, tu me suis ou tu préfères rentrer chez toi comme une trouillarde ? propose le pirate.

– Trouillarde, moi ? Tu vas voir !

Et Fleur bondit dans le noir, avec juste la flamme de la bougie pour l'éclairer. Calico la suit.

– Je te présente le garde-manger, dit le garçon en désignant une petite pièce où se trouve une grande malle. Avec les gâteaux moisis, le tonneau d'eau croupie*, le rhum, les citrons contre le scorbut…

– C'est quoi, ça, le scorbut ?

– Une maladie mortelle qu'on attrape à bord, quand on manque de vitamines.

– Berk !

– Berk, tu l'as dit !

Tout à coup, Fleur pose la main sur un truc gluant.

– Quelle horreur !

Sur quoi Fleur a-t-elle posé la main ?

Si tu veux le savoir, lis le menu suivant.
Quel aliment faut-il éliminer pour manger de façon équilibrée ? Barre-le.

MENU
Salade de tomates
Poulet
Rôti de veau
Pêche

a. le poulet ou le rôti de veau
b. la salade de tomates ou la pêche

Si tu as barré a. → Lis le n° 10.
Si tu as barré b. → Lis le n° 7.

mémo 20

*Moisie.

3

– Sacrebleu de morbleu ! hurle Grande Moustache rousse. Il a fallu qu'on tombe sur lui ! Bartolo, pirate de malheur !

– On a eu à peine le temps d'en profiter, capitaine ! dit Jambe de bois entre deux hoquets.

– On peut dire adieu à nos trois jours de repos ! Rat de cale !

Le sang de Calico ne fait qu'un tour. Son cœur bat à cent à l'heure. Il n'aurait jamais dû emmener cette fille ! Même pour un beignet ! Les jambes du garçon ne sont plus que deux morceaux de caoutchouc. Pourtant, il faut bouger. Et vite !

Sans un mot, il prend la main de Fleur et l'entraîne vers l'escalier menant à la cale qui grince.

Fleur tremble de tous ses membres. Elle n'a pas envie de redescendre dans ce trou à rat. Mais la grosse voix de Grande Moustache rousse lui a fait froid dans le dos. Calico a bien dit que les filles portent malheur sur un bateau, non ? Qu'est-ce qu'il lui arrivera si Grande Moustache rousse la découvre ? Il lui donnera certainement une bonne correction !

Calico soulève doucement le couvercle d'un grand tonneau.

– Entre là-dedans ! chuchote-t-il.

Fleur n'a pas le choix. Au-dessus de sa tête, les pas se rapprochent.

Qui peut bien se rapprocher de Fleur ?

Pour le savoir, trouve dans le texte un verbe contraire à celui qui est en bleu.
Écris-le.

....

Pour vérifier ta réponse → Lis le n° 4.

mémo 9

4

Si tu as trouvé « hurle », tu as bien répondu. Le verbe « hurler » veut dire le contraire du verbe « chuchoter ».

→ Maintenant, lis le chapitre 3.

5

– Un jour, il y a eu la sécheresse et la famine, raconte Calico. Mon père a dû prendre la mer et les armes pour nous nourrir. Il est devenu pirate. Pourtant, il déteste voler les gens et encore plus leur faire du mal…

Calico a les larmes aux yeux. Heureusement, la nuit, les larmes sont invisibles. Il prend une grande inspiration et lance :

– Alors, je te le montre, mon palais ?

Calico monte à bord le premier. Puis il tire Fleur par le bras et elle monte à son tour. Dans la nuit noire, on ne voit rien. Calico avance à tâtons jusqu'à la bougie du pont. La petite flamme éclaire soudain le corsaire.

– Morbleu ! Ce n'est pas mal quand même ! s'exclame Fleur.

– Tu jures comme les marins, toi ! s'esclaffe Calico.

– Oui ! C'est en l'honneur de mon père !

« Décidément, cette fille est incroyable ! » pense Calico en l'entraînant vers la cale.

L'échelle de corde grince. Et une ombre noire apparaît sur le mur.

Quelle est cette ombre noire ?

Pour le découvrir, regarde le pronom en bleu dans le texte. Entoure le nom du personnage qu'il remplace.

a. Fleur

b. Calico

c. Grande Moustache rousse

Si tu as entouré a. → Lis le n° 6.

Si tu as entouré b. → Lis le n° 2.

Si tu as entouré c. → Lis le n° 8.

mémo 5

6

Non ! Ce ne peut pas être Fleur, elle ne connaît pas le bateau ! → Recommence l'exercice du n° 5.

7

Non ! Pour manger de façon équilibrée, on ne consomme pas deux plats de viande au cours d'un même repas.

→ Recommence l'exercice du n° 2.

8

Faux ! Ce ne peut pas être Grande Moustache rousse, il n'est pas sur le bateau.

→ Refais l'exercice du n° 5.

9

Tu t'es trompé(e) ! Regarde bien comment ces verbes se terminent.

→ Refais l'exercice du n° 10.

10

Fleur vient de toucher une tortue. Une tortue morte.

– Vous tuez… Vous tuez les tortues ?

– Il faut bien manger. Et c'est délicieux. On en fait du salmigondis, c'est une sorte de ragoût…

– Bon, changeons de sujet, dit Fleur. Montre-moi où tu dors !

Fleur et Calico se hissent le long de l'échelle de corde. Parvenus sur le pont, ils entrent dans l'abri de bois contenant quatre hamacs.

– Voilà. C'est le dortoir. Je t'assure que je dors comme un bébé… Enfin, entre deux ronflements de mon père ! Tu veux essayer ?

Fleur saute dans le hamac. Calico agite la corde et Fleur rit en se balançant.

Soudain, les deux enfants entendent des voix.

De quelles voix s'agit-il ?

Pour le découvrir, indique si les verbes en bleu dans le texte sont conjugués ou s'ils sont à l'infinitif.

a. Il s'agit de verbes conjugués.

b. Il s'agit de verbes à l'infinitif.

Si tu as choisi a. → Lis le n° 9.

Si tu as choisi b. → Lis le n° 3.

mémo 7

3
Complot à bord !

1

– Qui est là ? rugit la voix de Grande Moustache rousse.

Agile, le pirate glisse le long de l'échelle. Il tient son sabre à la main.

– C'est moi papa ! bredouille Calico.

– Mais… mais qu'est-ce que tu fais là, fiston ?

Calico se touche le front. Vite ! Trouver une idée ! Et une bonne ! Son père est malin comme un singe. On ne lui ment pas aussi facilement.

– Je ne me sentais… pas bien… J'ai eu mal au cœur… Alors je suis rentré… Tu crois que j'ai le… scorbut ?

Pile dans le mille ! Grande Moustache rousse fronce les sourcils.

– Viens là que je te tâte.

De sa grosse main épaisse, il palpe la gorge et le ventre de Calico, puis lui touche les tempes.

– Non, ce n'est rien. Tu n'as pas de ganglions. Un peu de fatigue, c'est tout. Allez, viens nous aider ! On met les voiles.

Soudain, le tonneau se met à bouger.

Fleur s'apprête-t-elle à sortir du tonneau ?

Avant de connaître la suite, relis les phrases en bleu dans le texte. Puis entoure la bonne réponse.

a. Il s'agit de phrases affirmatives.

b. Il s'agit de phrases négatives.

Si tu as entouré a. → Lis le n° 10.

Si tu as entouré b. → Lis le n° 11.

mémo 2

2

Fleur est en (A ; 3) ; Calico est en (C ; 2) ; Boit sans soif est en (D ; 4) ; Jambe de bois est en (B ; 4). Bravo si tu as trouvé ces réponses. → Pour lire la suite, va au n° 9.

3

Tout juste ! → Va au chapitre 4.

4

Tu t'es trompé(e) ! Relis bien le texte.

→ Reviens à l'exercice du n° **5**.

5

Quelque chose vient de heurter violemment le bateau. Fleur entend un coup de feu, des éclats de voix suivis de courses-poursuites. On se bat au-dessus de sa tête !

La fillette réalise qu'elle est tombée au milieu d'un tas de voiles. L'odeur du tissu mal séché lui donne envie de vomir. De sa main, elle caresse la pierre qu'elle porte autour du cou. « Papa, protège-moi » murmure-t-elle.

Et puis elle entend un bruit sourd. Et la voix de Grande Moustache rousse :

– Ahaha ! Celui-là, on l'a eu et bien eu ! Allez, tous à l'abordage !

Des hurlements glaçants s'élèvent dans la nuit. Et soudain, tout s'arrête. Des pas se rapprochent. L'échelle qui mène à la cale se met à trembler. Et puis une voix prononce son nom.

Qui prononce le nom de Fleur ?

Pour le découvrir, réponds à la question suivante.
Grande Moustache rousse a dit : « Celui-là, on l'a eu et bien eu ! ». **De qui parle-t-il ?**

a. Il s'agit de Bartolo.
b. Il s'agit d'un rat errant sur le bateau.

Si tu as répondu a. → Lis le n° 8.
Si tu as répondu b. → Lis le n° 4.

6

Non ! Relis le texte et fais bien attention au mot « ensuite » qui t'aide à te représenter dans quel ordre ont lieu ces actions. → Recommence l'exercice du n° 9.

7

Il fallait écrire « baleine ». Si tu l'as écrit, bravo !

→ Va vite au n° 13.

8

– Fleur, c'est moi. Où es-tu ? murmure Calico.
– Je suis là.
Calico tient une chandelle. À la lumière

vacillante de la flamme, Fleur aperçoit les vêtements déchirés de son ami.

– On a remporté le combat et Bartolo est tombé à l'eau ! Regarde ce que j'ai gagné !

Il ouvre la main et brandit fièrement quatre écus* d'or.

– C'est mon père qui me les a donnés ! Je me suis battu comme un homme !

*Ancienne monnaie.

Son regard brille de mille feux.

– Tiens, celui-là est pour toi.

Fleur baisse la tête.

– Calico, je ne veux pas d'argent. Je veux juste rentrer chez moi.

Calico secoue la tête :

– Qu'est-ce que je peux faire ? Dis-moi ce que je peux faire ! Le corsaire est déjà trop loin de la côte ! Tu veux qu'on plonge dans l'eau, au milieu des requins ? On n'arrivera jamais vivants sur la côte !

Comment Calico va-t-il pouvoir aider Fleur ?

Tu le découvriras après avoir fait l'exercice suivant.
Dans la mer, il y a beaucoup d'êtres vivants, mais tous ne sont pas des poissons.
Dans la liste suivante, il y a un intrus. Écris son nom.

requin – baleine – sole – raie

....

Pour vérifier ta réponse → Lis le n° 7.

mémo 21

9

Fleur entend un long silence, puis la voix tremblante de Boit sans soif répond :

– Je suis ton homme…

– À la bonne heure ! Alors, voici mon plan. Le vieux ronfle comme un bienheureux dans son hamac.

– Oui…

– Je monte et je le ficelle comme un rôti. Pendant ce temps, tu attrapes le garçon. Tu devrais y arriver, non ? Ce n'est qu'un gamin après tout !

– C'est bon ! Je ne suis pas un trouillard !

– Ensuite, tu amènes le petit auprès de son père et tu menaces de le jeter à l'eau. J'ai hâte de voir la tête de ce bandit de Grande Moustache rousse ! Tu vas voir, il nous dira tout de suite où est le trésor !

– Et après ?

– Tu es bête ou quoi ? Après, on les laisse dans le port, on file avec le bateau et à nous la belle vie !

Grande Moustache rousse va-t-il dire où est le trésor ?

Si tu veux le savoir, remets dans l'ordre les actions que doivent exécuter les deux pirates pour suivre le plan de Jambe de bois.

a. Boit sans soif amène Calico auprès de Grande Moustache rousse.
b. Les deux pirates vont tout seuls récupérer le trésor.
c. Jambe de bois ficelle Grande Moustache rousse.

....

Si tu as choisi c., a., b. → Lis le n° 3.
Si tu as choisi c., b., a. → Lis le n° 6.

10

Faux ! Lorsqu'on affirme quelque chose, on n'utilise pas « ne ... pas », « n'... pas » dans la phrase.

→ Refais l'exercice du n° **1**.

11

– Morbleu, qu'est-ce qui remue comme ça ? hurle Grande Moustache rousse.

À l'intérieur du tonneau, Fleur retient sa respiration. Un cafard est en train de longer sa cuisse. Mais la voix du pirate l'effraie bien plus encore.

– Des rats, papa, rien que des rats…

– Pousse-toi de là ! Il faut que j'en aie le cœur net !

Et Grande Moustache rousse s'approche du tonneau.

Soudain, il entend la voix de Jambe de bois.

– Bartolo en vue ! hurle le pirate.

Grande Moustache rousse se précipite sur le pont. Ses pas font trembler le plancher.

Calico s'approche du tonneau de bois. À travers les fines lattes, il murmure :

– Surtout, ne bouge pas. Je reviens.

Fleur se retrouve seule enfermée dans ce tonneau tout noir. Elle pense à sa mère qui se fait sûrement du souci, à son frère qui doit la chercher partout. Sa curiosité lui a joué des tours, et elle se retrouve maintenant prisonnière du corsaire.

Tout en rêvant de son île de la Tortue, Fleur s'endort. Elle se réveille en sursaut. Le temps de rassembler ses esprits, elle se souvient qu'elle n'est pas chez elle. Elle donnerait tout pour être sur sa natte, endormie entre sa mère et son frère. Sous ses pieds, le sol s'agite et tangue. Fleur réalise que le corsaire a pris la mer.

Que va-t-il se passer maintenant que le bateau a pris la mer ?

Si tu veux connaître la suite de l'histoire, réponds à la question suivante.
Pourquoi Grande Moustache rousse ne soulève-t-il pas le couvercle du tonneau ?

- Parce qu'il croit qu'il y a des rats dedans.
- Parce que le pirate Bartolo est en vue !

Recopie ta réponse :

....

C'est ton TROISIÈME INDICE. N'oublie pas de le noter sur ta page-indices, p. 93.

Maintenant → lis le n° 14 pour poursuivre l'histoire.

12

Faux ! Les mots « pirate » et « porte » commencent par la même lettre. Pour trouver leur place dans l'ordre alphabétique, il faut regarder leur deuxième lettre.

→ Refais l'exercice du n° 14.

13 

– Calico ! Qu'est-ce que tu fiches en bas ? crie Grande Moustache rousse. Suis-moi et plus vite que ça !

– Fleur, écoute-moi, murmure Calico. Reste ici et ne bouge pas. Boit sans soif et Jambe de bois vont descendre manger, mais tu ne risques rien. Ça m'étonnerait qu'ils se mettent à réparer les voiles après une attaque. Surtout, ne fais pas de bruit. Je te rejoindrai après mon tour de garde.

Et Calico disparaît. Fleur se retrouve seule. Soudain, la jambe de bois du pirate frappe le sol. Les deux compères ouvrent la malle du garde-manger et commencent à râler :

– On ne l'a pas volé de manger un bon coup, hein, Boit sans soif ?

– Tu l'as dit !

Et puis les voix se mettent à chuchoter. Fleur tend l'oreille.

– Il faut qu'on le fasse cette nuit, murmure Jambe de bois. C'est le moment ou jamais ! Le vieux dort et le petit veille. Tu es toujours avec moi ?

– Euh, oui ! balbutie Boit sans soif. Mais le vieux est le capitaine et il a été généreux avec moi…

– Généreux, tu parles ! C'est une crapule ! Moi, j'ai la haine qui me sort par les trous de nez ! Je n'oublierai jamais la nuit où j'ai perdu ma jambe et où ce vieux bandit m'a laissé seul pendant qu'il courait sur le bateau de Bartolo. C'est sûr, le trésor, il l'a eu.

Jambe de bois frappe un grand coup sur le mur :

– Alors maintenant, Boit sans soif, ou tu es avec moi, ou tu es contre moi ! Mais si tu es contre moi, je te jette à la mer !

Boit sans soif va-t-il suivre Jambe de bois ?

	A	B	C	D	E	F
1						
2						
3						
4						
5						

Avant de lire la suite, indique sur le quadrillage la place de chacun sur le bateau.

Grande Moustache rousse est en A1.

Indique où sont les autres :

Fleur est en ....

Calico est en ....

Boit sans soif est en ....

Jambe de bois est en ....

Pour savoir si tu as bien réussi l'exercice,

→ Lis le n° 2.

mémo 19

14 

Fleur a du mal à respirer. «Je ne suis pas une trouillarde ! Je suis la fille d'un pirate, morbleu ! » murmure-t-elle pour se donner du courage. Et elle sort du tonneau.

Un rat se faufile entre ses jambes. Le cri du rongeur la fait sursauter, mais elle poursuit son chemin.

«Je dois trouver une cachette plus sûre que ce vieux tonneau pourri ! » se dit-elle. Et elle se dirige à tâtons vers le garde-manger.

Au fond du garde-manger qui ressemble à une petite cuisine, Fleur aperçoit une porte. « Décidément, ce bateau est plein de surprises ! Il y a combien de pièces comme ça ? » se demande-t-elle. Sa main en frôle les contours et elle sent quelque chose de froid contre sa peau. C'est une clé. Elle la tourne doucement et une porte s'ouvre.

Soudain, le corsaire se met à bouger. La fillette est ballottée dans tous les sens. Elle tente de garder l'équilibre, puis s'étale de tout son long.

Que se passe-t-il donc sur le corsaire ?

Si tu veux le savoir, choisis la liste où les mots sont écrits dans l'ordre alphabétique.

a. bateau – pirate – porte – tonneau
b. bateau – porte – pirate – tonneau

Si tu as choisi a. → Lis le n° 5.
Si tu as choisi b. → Lis le n° 12.

mémo 10

4

Le courage de Fleur

1 

Fleur ne sait pas si c'est la peur ou la colère qui la fait trembler. Calico est en danger. Elle ne peut pas rester sans rien faire. Elle doit absolument sortir de ce trou à rat. Les deux pirates viennent de remonter sur le pont. Le champ est libre.

Fleur ouvre la porte doucement. Sur la petite table en bois de la cuisine, elle trouve un morceau de chandelle encore allumé et elle s'en saisit.

Si elle reste là à trembler comme une feuille, ils vont tous être dans de sales draps : Calico, Grande Moustache rousse et elle. Fleur n'a plus rien à perdre.

Elle se faufile entre les malles et les tonneaux. Fleur doit trouver un objet pour se défendre. Elle ne peut pas arriver en haut les mains vides et se retrouver face à Boit sans soif et Jambe de bois, prêts à jeter à l'eau tout ce qui bouge !

Fleur fouille dans la première malle. De toute façon, elle n'a plus le temps de réfléchir. Au-dessus de sa tête, les deux pirates ont lancé l'attaque.

Le plan de Jambe de bois va-t-il réussir ?

Pour savoir si Jambe de bois et Boit sans soif vont pouvoir s'emparer du trésor, réponds à la question suivante : que doit trouver Fleur ?
Écris ta réponse :

C'est ton QUATRIÈME INDICE. N'oublie pas de le noter sur ta page-indices, p. 93.
Maintenant, → lis le n° 7 pour découvrir la suite.

2 

C'est alors qu'elle entend un bruit sourd.

– Mmmmm !

Grande Moustache rousse est à peine à dix pas

d'elle. Un tissu enfoncé dans la bouche, il se tortille comme un ver.

– Mmmmm !

Ses yeux lancent des éclairs. Fleur sent la sueur couler dans son dos. Ce pirate est un géant. Avec sa moustache qui mange son visage, son bandeau sur l'œil, sa cicatrice sur la joue et son tatouage de serpent sur le bras, c'est une vraie vision de cauchemar.

Pourtant, elle s'approche de lui.

Que va faire Fleur ?

Pour le savoir, fais l'exercice suivant.

Le texte dit que Grosse Moustache rousse est un géant.

Écris la taille de Calico et de Fleur en centimètres et entoure le nom de celui ou celle qui est le plus petit des deux.

Calico : 1 m 30 cm = ...

Fleur : 1 m 35 cm = ...

a. Calico

b. Fleur

Si tu as entouré a. → Lis le n° 11.

Si tu as entouré b. → Lis le n° 9.

mémo 16

3

Tu t'es trompé(e) ! Regarde bien les articles (petits mots) qui sont placés avant chacun de ces noms.

→ Recommence l'exercice du n° 7.

4

Faux ! Quand on parle de quelque chose qui va se passer plus tard, on conjugue le verbe au futur.

→ Refais l'exercice du n° 11.

5

Non. Tu as peut-être été trompé(e) par la lettre « s » à la fin des mots « tas » et « tournevis ». Regarde bien l'article (petit mot) placé avant chacun de ces noms.

→ Refais l'exercice du n° 7.

6

Le vent se met à souffler. Des oiseaux volent au-dessus du bateau en poussant des cris. Fleur le sait, ce sont des albatros et ils annoncent la tempête.

Fleur finit par trouver le tournevis. Elle se précipite sur Grande Moustache rousse et entreprend de desserrer ses liens.

– Plus vite que ça ! grogne le pirate.

Fleur commence par les mains. La corde résiste. Elle s'y reprend à trois fois et, enfin, la corde se délie.

– À la bonne heure ! dit le pirate. Maintenant, les pieds.

Grande Moustache rousse est enfin libéré. Il se redresse, bondit sur ses pieds. Fleur a l'impression de voir un géant surgir de terre.

– Où est Calico ? Où est mon fils ? murmure-t-il de sa voix grave.

La dernière fois que Fleur a vu Calico, il était perché en haut du mât, poursuivi par Jambe de bois et Boit sans soif.

– Là-bas, dit-elle en désignant la proue* du bateau.

*Partie avant du navire.

À cet instant, la mer se déchaîne. Une grosse vague inonde le bateau. Fleur s'agrippe de toutes ses forces aux haubans. Le corsaire n'est plus qu'une coquille de noix flottant sur la mer sombre.

Le bateau va-t-il couler ?

Si tu veux le découvrir, souligne le sujet des phrases suivantes.

Attention, ce peut être un groupe nominal !

Des oiseaux volent au-dessus du bateau.

Fleur commence par les mains.

Elle s'y reprend à trois fois...

Une grosse vague inonde le bateau.

Pour savoir si tu as réussi l'exercice, → Lis le n° 8.

mémo 6

7 

Sous un tas de gâteaux mangés par les vers, Fleur découvre un tournevis. Elle le saisit et se précipite sur le pont. Son cœur bat à cent à l'heure.

Doucement, elle souffle la chandelle. Il ne s'agit pas de se faire repérer. Au début, elle ne voit rien. Elle sent juste le plancher du bateau vibrer sous ses pieds.

Puis elle aperçoit trois silhouettes qui s'agitent au loin. Calico, poursuivi par les deux pirates, est en train de grimper le long du mât.

Fleur avance à pas de loup, le tournevis bien serré dans sa main. Elle longe les haubans* en prenant soin de ne pas se prendre les pieds dedans.

Soudain, elle trébuche sur un objet coupant et le tournevis lui échappe des mains.

*Cordages qui soutiennent les mâts.

Que va-t-il se passer ?

Pour le savoir, indique si les deux noms en bleu dans le texte sont au :

a. masculin pluriel
b. masculin singulier
c. féminin singulier

Si tu as choisi a. → Lis le n° 5.
Si tu as choisi b. → Lis le n° 2.
Si tu as choisi c. → Lis le n° 3.

mémo 3

8 

Des oiseaux volent au-dessus du bateau.
Fleur commence par les mains.
Elle s'y reprend à trois fois...
Une grosse vague inonde le bateau.
Si tu as souligné les mêmes mots, tu as trouvé le sujet de ces phrases et tu as très bien répondu. Bravo !

→ Va vite au chapitre 5.

9 

Tu t'es trompé(e) ! Pour comparer deux nombres, lorsque le chiffre des centaines est le même, il faut prendre en compte le chiffre d'à côté (le chiffre des dizaines), dans chacun de ces nombres. Calico mesure 130 cm et Fleur 135 cm.

→ Refais l'exercice du n° 2.

10

Tu t'es trompé(e) ! Le texte raconte au présent ce que fait Fleur maintenant : elle essaie de défaire les nœuds. Le texte raconte au passé composé ce qui s'est passé avant : elle a laissé échapper le tournevis.

→ Recommence l'exercice du n° 11.

11

Fleur retire le tissu de sa bouche et Grande Moustache rousse se met à murmurer dans sa barbe. Il est rouge de colère.

– Morbleu ! Mais qu'est-ce que tu fais là, toi ? Qui es-tu ? Où est mon fils ?

– Je… Je m'appelle Fleur… bredouille la petite fille. Calico est en danger !

– Alors, qu'est-ce que tu attends pour me libérer !

Prenant son courage à deux mains, Fleur essaie de défaire les nœuds de la corde liant les mains du pirate.

– Tu n'y arriveras jamais ! Trouve quelque chose ! Allez, bouge-toi ! Ne reste pas plantée là.

« Le tournevis » pense Fleur. La fillette fait demi-tour et cherche à tâtons le tournevis qu'elle a laissé échapper un peu plus tôt.

Soudain, un éclair traverse le ciel.

Fleur parviendra-t-elle à détacher Grande Moustache rousse ?

Pour le découvrir, relis le texte en faisant attention aux verbes en bleu. Relie-les au temps auquel chacun est conjugué.

a. « arriveras » •	• **1.** passé composé
b. « a laissé » •	• **2.** présent
c. « essaie » •	• **3.** futur

Si tu as relié a.3., b.1., c.2. → Lis le n° 6.
Si tu as relié a.2., b.1., c.3. → Lis le n° 4.
Si tu as relié a.1., b.3., c.2. → Lis le n° 10.
mémo 8

5

Tiens bon Calico !

1

Aussi légère qu'une plume, Fleur est soulevée du sol. Ses mains sont tellement mouillées qu'elles finissent par lâcher la corde.

Le vent la pousse hors du bateau. Fleur a du mal à respirer. Elle cherche de l'air, mais ses narines n'aspirent que de l'eau.

Alors qu'elle se sent glisser dans la mer chaude des Caraïbes, une main ferme la saisit.

– Ce n'est pas le moment de te noyer, jeune fille ! J'ai besoin de toi ! lui confie Grande Moustache rousse.

Fleur retrouve petit à petit sa respiration. Grande Moustache rousse la prend par la main et l'entraîne sur le pont arrière. D'une main, il saisit le gouvernail et le redresse. De l'autre, il brandit un long sabre qui ferait trembler n'importe quel pirate.

– Ouvre grand tes oreilles et écoute ce qu'on va faire, lui dit-il.

Et Grande Moustache rousse explique son plan…

Quel peut bien être le plan de Grande Moustache rousse ?

Regarde bien cette carte, puis reporte-toi au mémo 22. Indique le nom de l'océan qui borde sur un côté les îles Caraïbes, mais aussi en partie la France.

a. la mer des Caraïbes

b. l'océan Atlantique

Si tu as choisi a. → Lis le n° 4.

Si tu as choisi b. → Lis le n° 6.

mémo 22

2

Tu t'es trompé(e) ! Regarde bien les nombres sous la frise numérique et relis attentivement la consigne.

→ Refais l'exercice du n° 6.

3

Faux ! La somme des chiffres doit faire 18.

→ Recommence l'exercice du n° 6.

4

Tu t'es trompé(e) ! Relis bien le mémo.

→ Recommence l'exercice du n° 1.

5

Ce n'est pas la voix de Calico mais celle de Jambe de bois. Le cœur de Fleur s'emballe... Grande Moustache rousse est en train de mettre fin à la mutinerie*. Ce colosse est une force de la nature. Il va les sortir de là.

Son père était comme ça, lui aussi, courageux. Lorsqu'il n'est pas revenu de son dernier voyage, ses amis ont raconté qu'il était mort dignement en sauvant un de ses camarades lors d'un abordage. Il n'avait pas hésité à donner sa vie pour les autres. Fleur pense toujours à lui comme à un héros.

Soudain, Calico apparaît, suivi de son père qui tient prisonnier Jambe de bois. Ce méchant traître a l'air

*Révolte.

mal en point, ses vêtements sont en morceaux, et Fleur ne peut s'empêcher de penser qu'il l'a bien mérité.

Calico se précipite sur Fleur et la soulève du sol.

– On les a eus ! Boit sans soif est tombé à l'eau lors de la tempête.

Jambe de bois n'en mène pas large… Grande Moustache rousse le traîne derrière lui, comme un vulgaire paquet.

– On en fait quoi de lui ? annonce la voix tremblante de colère de Grande Moustache rousse.

– On le jette à l'eau ! répond Calico. C'est tout ce qu'il mérite.

– Non, dit Grande Moustache rousse. J'ai une meilleure idée…

Grande Moustache rousse a une idée. Mais laquelle ?

Pour le savoir, réponds à la question suivante.
Qu'est-il arrivé à Boit sans soif ?

Écris ta réponse :

C'est ton CINQUIÈME INDICE. N'oublie pas de le noter sur ta page-indices, p. 93.

Maintenant, → va au chapitre 6.

6

– Toi, tu vas tenir le gouvernail, comme ça, bien droit, ordonne le grand pirate à Fleur. Je compte sur toi. Agrippe-toi à lui de toutes tes forces, mais surtout ne le lâche pas. J'ai assez de Jambe de bois et de Boit sans soif comme traîtres ! La mer ne peut pas me tromper aussi. Quant à toi, je te nomme moussaillon en chef.

Fleur pense à tout ce qu'elle a vécu depuis la veille en montant sur le corsaire avec Calico, à sa peur devant un simple rat et une pauvre tortue morte. Et la voilà dirigeant le corsaire

sur une mer déchaînée ! Elle ne peut pas s'empêcher de penser à son père. Elle caresse la pierre qu'il lui a offerte avant de partir pour son dernier voyage. Fleur en est sûre, il serait fier de son moussaillon de fille !

Tandis qu'elle s'agrippe au gouvernail, Grande Moustache rousse, son sabre en l'air, court à la proue du bateau. Dans le ciel, la Lune est apparue derrière les nuages. Elle éclaire le bateau comme mille chandelles. Le vent s'est calmé et Fleur parvient tant bien que mal à maintenir le cap.

Mais, au loin, elle entend des cris.

Qui peut bien crier ainsi ?

Pour le savoir, résous cette devinette.

Je suis plus grand que 670.

Je suis plus petit que 680.

Si on additionne mes chiffres, on trouve 18.

Tu peux t'aider de la droite numérique ci-dessous :

670 671 672 673 674 675 676 677 678 679 680

Si tu as trouvé 675 → Lis le n° 5.

Si tu as trouvé 676 → Lis le n° 2.

Si tu as trouvé 678 → Lis le n° 3.

mémo 11

6

Les retrouvailles

1

Le calme est revenu sur le corsaire. En attendant de connaître le sort qu'on lui réserve, Jambe de bois est enfermé au fond de la cale.

– Fleur, on te doit une fière chandelle ! dit Grande Moustache rousse.

Calico sourit.

– Pour une fille, je trouve que tu ne portes pas franchement malheur ! Sans toi, mon père et moi, on serait dans de sales draps !

– C'est vrai, ça, fiston ! Alors, jeune demoiselle, comment puis-je te remercier ?

Fleur n'a pas besoin de réfléchir longtemps. Elle veut rejoindre au plus vite l'île de la Tortue, les bras tendres de sa mère, ses cheveux doux, et son frère turbulent. Pour elle, la vie de pirate est terminée.

– Je veux rentrer chez moi, murmure-t-elle.

– Qu'à cela ne tienne ! On fait demi-tour ! Direction, l'île de la Tortue ! Mais avant, nous passons à la Grotte noire. J'ai quelque chose à vous montrer.

Que vont-ils trouver à la Grotte noire ?

Résous ce petit problème et tu connaîtras la suite.
Le bateau se trouve actuellement à 127 miles* de l'île de la Grotte noire et cette grotte à 36 miles de l'île de la Tortue. **Combien de miles doivent-ils encore parcourir avant d'arriver sur l'île de la Tortue ?**

a. 163 miles　　**b.** 153 miles

Si tu as choisi a. → Lis le n° 3.
Si tu as choisi b. → Lis le n° 4.

mémo 12

2

Tu t'es trompé(e) ! Il ne faut pas oublier la retenue.

→ Recommence l'exercice du n° 5.

*Mesure de distance anglo-saxonne (1 mile = 1 609 mètres).

3 

Beaucoup plus tard, le corsaire accoste à la Grotte noire.

À la lumière d'une chandelle, Fleur et Calico découvrent un trou énorme creusé dans la pierre et caché par d'épais buissons.

– Et voilà où je cache tout le trésor, dit fièrement Grande Moustache rousse.

– Mais Jambe de bois et Boit sans soif n'étaient pas au courant ? demande Calico.

– Je ne suis pas fou, mon fils. Je les faisais boire, ce qui les faisait dormir, et j'accostais de nuit.

– Mais…, bredouille Calico. Eux aussi avaient droit à une part du trésor…

– Bien sûr, fiston. J'aurais partagé avec eux le moment venu. Mais tu sais, au fond, je n'ai jamais fait confiance à ces deux bandits. Comme quoi, j'ai de l'intuition, non ?

Grande Moustache rousse et les deux enfants rejoignent le fond de la grotte. Calico et Fleur le regardent creuser. La terre mouillée fait bientôt une petite montagne devant eux, puis se transforme en une grande montagne…

– J'ai le coffre ! crie enfin Grande Moustache rousse.

Que contient le coffre ?

Tu le sauras en indiquant où était caché le trésor.
Écris ta réponse :

....

C'est ton SIXIÈME INDICE. N'oublie pas de le noter sur ta page-indices, p. 93.

Maintenant, → Lis le n° 5.

4

Ce n'est pas la bonne réponse ! Tu as oublié la retenue.

→ Refais l'exercice du n° 1.

5

Calico et Fleur n'en reviennent pas ! Grande Moustache rousse vient de déterrer un énorme coffre en bois décoré avec des pierres qui brillent de tous leurs feux. À l'intérieur du coffre, il y a des dizaines de bijoux en pierres précieuses et semi-précieuses : des grenats, des malachites, des saphirs roses, des rubis, des bagues en argent et des broches en or.

– Tiens, dit le pirate en prenant la main de Fleur. C'est pour toi.

La pierre de la petite bague argentée étincelle sous la lumière de la chandelle. Fleur ne sait pas quoi dire. Elle a bien envie de se jeter au cou du père de Calico, mais elle n'ose pas. Est-ce qu'on embrasse un pirate ? Alors, à la place, elle dit merci. Juste merci.

Avant de lever les voiles et de s'éloigner de la grotte, Grande Moustache rousse hisse le coffre sur le corsaire. Puis il descend dans la cale et remonte avec Jambe de bois sous le bras.

– Quant à toi, je te laisse à terre. C'est le sort réservé aux traîtres ! Avec un peu de chance, une bonne âme te trouvera et te sauvera !

Comment l'histoire va-t-elle se terminer ?

Tu es curieux(se) de savoir comment se termine l'histoire ? Fais ce dernier exercice et tu pourras savourer la fin.

Dans le coffre au trésor, il y a 3 boîtes remplies de bagues en argent. Chaque boîte contient 25 bagues. Pour connaître le nombre total de bagues, Calico et Fleur font l'opération suivante : 25 × 3.

a. Calico a trouvé 65.

b. Fleur a trouvé 75.

Entoure la bonne réponse.

Si tu as entouré a. → Lis le n° 2.

Si tu as entouré b. → Lis le n° 6.

mémo 14

6 

Le corsaire met le cap sur l'île de la Tortue. Quand elle aperçoit les bougies des petites maisons trembler au loin, Fleur fond en larmes :

– Je pleure de joie ! Ne croyez pas que je sois une trouillarde ! dit-elle entre deux sanglots.

– Toi, une trouillarde ? rit Calico. Tu es la fille la plus courageuse de la Terre !

– Et mon meilleur moussaillon en chef ! ajoute Grande Moustache rousse de sa voix bourrue.

Fleur saute enfin sur la terre ferme, la terre de son île. Suivie de Calico et de Grande Moustache rousse, elle court sur la plage. Au loin, elle aperçoit sa maison, avec sa petite terrasse entourée de bambous.

Fleur se jette dans les bras de sa mère. Elle l'embrasse, la serre contre elle. Son frère caresse ses cheveux en murmurant :

– Je t'ai cherchée partout. Partout, tu entends ?

– Je croyais que tu étais morte, dit sa mère en pleurant. Que jamais je ne te reverrai…

– Votre fille a été un formidable petit pirate, dit Grande Moustache rousse.

– Eh bien, sa carrière est terminée ! répond la maman de Fleur en souriant.

– Quant à nous, fiston, dit Grande Moustache rousse en se tournant vers Calico, nous rentrons à la maison demain !

Calico n'en croit pas ses oreilles. Il va retrouver sa mère et ses petites sœurs. Il va quitter la mer, vivre dans sa maison, jouer avec ses copains, finir de construire sa cabane dans les arbres. Adieu, les gardes de nuit, les abordages et les gâteaux aux vers !

Calico saute dans les bras de son père. Il le serre longtemps contre lui. Puis, timidement, il embrasse le géant de la mer.

Le lendemain, en se quittant, les deux enfants promettent de se revoir.

– Il suffira de prendre un bateau pour se rejoindre ! dit Calico.

– Oui, dit Fleur. Mais promets-moi que ce ne sera pas un bateau de pirate, morbleu et rat de cale !

FIN

Bravo ! Puisque tu es allé(e) jusqu'au bout de cette histoire et de ses exercices, nous te proposons de nous envoyer, sur le site www.lenigme.com, la liste des indices que tu as écrits page 93 : tu pourras télécharger des surprises !

À bientôt pour une nouvelle aventure !

Mémo

Pour t'aider à faire tes exercices

Français

Maths

Découverte du monde

Grammaire

1 Les types de phrases

Il existe quatre types de phrases.

- La **phrase déclarative** se termine par un point [.]. Elle énonce un fait.
  Et Fleur disparaît dans la nuit.
- La **phrase interrogative** se termine par un point d'interrogation [?]. Elle pose une question.
  Qu'est-ce que c'est que ce bazar ?
- La **phrase exclamative** se termine par un point d'exclamation [!]. Elle exprime un sentiment, une émotion.
  J'aime les pirates !
- La **phrase injonctive** peut se terminer par un point ou un point d'exclamation. Elle donne un ordre ou un conseil.
  Écoute bien. Viens nous aider !
- Chaque phrase commence par une **majuscule**.

2 Les phrases affirmative et négative

- La petite fille dit : « Je m'appelle Fleur. »
→ Elle fait une **phrase affirmative**.
- Grande Moustache rousse dit : « Tu n'as pas de ganglions. »
→ Il fait une **phrase négative**.
- Pour dire « non », on peut employer : *ne … pas, ne … plus, ne … jamais.*

Devant les voyelles « a, e, i, u, o, y », « ne » devient « n' ».

3 Le genre et le nombre

- **Le genre**

– Lorsqu'on peut dire « le » ou « un » devant un nom, c'est un **nom masculin**.
  le cœur

– Lorsqu'on peut dire « la » ou « une » devant un nom, c'est un **nom féminin**.
  la chandelle

Si tu n'es pas sûr(e) qu'un nom soit masculin ou féminin, essaie de mettre « un » ou « une » devant. Mais tu peux aussi vérifier dans le dictionnaire.

- **Le nombre**

– Quand un nom ne désigne qu'une seule personne, qu'un seul animal ou qu'une seule chose, il est au **singulier**.

un pirate, une fillette

– Quand un nom désigne plusieurs personnes, plusieurs animaux ou plusieurs choses, il est au **pluriel**.

trois silhouettes, les pieds

4 Les classes de mots

- **Les noms**

– Les **noms communs** commencent par une **minuscule** et sont précédés d'un déterminant (comme « le », « la », « un », « cet »...).

– Les **noms propres** commencent par une **majuscule**, ce sont des noms de personnes (*Fleur*), de villes, de pays...

- **Les articles**

Ce sont des petits mots qui accompagnent les noms communs : « le, la, les, un, une, des » sont des articles.

- **Les adjectifs qualificatifs**

Ils sont placés devant ou derrière le nom. Les adjectifs qualificatifs nous renseignent sur le nom.

un bruit sourd, une vraie vision

Le nom et les mots qui accompagnent le nom forment un **groupe nominal**.

5 Les pronoms personnels

En voici la liste : « je, tu, il, elle, nous, vous, ils, elles ».

Ils peuvent remplacer un nom ou un groupe nominal dans une phrase.

Fleur saute sur la terre ferme. Elle court sur la plage.

6 Le sujet

- Pour trouver le sujet du verbe, on pose la question : « **Qui est-ce qui ?** »
Le sujet détermine l'accord du verbe.

- Le sujet peut être :

– un groupe nominal formé d'un article et d'un nom :
Des oiseaux volent au-dessus du bateau.
– un groupe nominal formé d'un article, d'un adjectif qualificatif et d'un nom :
Une grosse vague inonde le bateau.
– un nom propre :
Fleur commence par les mains.
– un pronom personnel :
Elle s'y reprend à trois fois...

Conjugaison

7 L'infinitif

Un verbe peut être :

- conjugué
J'ai nagé, j'ai rencontré des pirates...
- à l'infinitif (c'est sous cette forme qu'on le trouve dans le dictionnaire)
***manger**, **faire**, **aller**, **venir**, **dire**...*

8 Les temps des verbes

Les terminaisons des verbes changent selon la personne, mais également selon le moment où se passe l'action.

- Le verbe au **présent** indique ce qui se passe.

- Le verbe au **passé composé** indique ce qui s'est déjà passé.
Attention, le verbe au passé composé est formé de deux mots.

- Le verbe au **futur** indique ce qui se passera plus tard.

SUJET	PRÉSENT	PASSÉ COMPOSÉ	FUTUR
1re pers. du singulier	je pens**e**	j'ai pens**é**	je pens**erai**
2e pers. du singulier	tu pens**es**	tu as pens**é**	tu pens**eras**
3e pers. du singulier	il, elle pens**e**	il, elle a pens**é**	il, elle pens**era**
1re pers. du pluriel	nous pens**ons**	nous avons pens**é**	nous pens**erons**
2e pers. du pluriel	vous pens**ez**	vous avez pens**é**	vous pens**erez**
3e pers. du pluriel	ils, elles pens**ent**	ils, elles ont pens**é**	ils, elles pens**eront**

Vocabulaire

9 Les mots contraires

Certains mots ont des sens opposés. Ce sont des mots contraires.

malheur → *bonheur*

froid → *chaud*

10 L'ordre alphabétique

Dans le dictionnaire, les mots sont rangés par ordre alphabétique.

- Pour classer les mots, on regarde déjà la première lettre.

Par exemple, « bateau » est avant « pirate ».

- Mais si deux mots commencent par la même lettre, il faut bien observer la deuxième.

Le « a » de « pas » étant situé avant le « i » de « pirate » dans l'alphabet, il faut placer le mot « pas » avant le mot « pirate ».

Numération

11 Comparer et ranger les nombres

- Les nombres sont composés de chiffres. Le premier chiffre à droite représente les unités, le deuxième les dizaines et le troisième les centaines.

Si on prend le nombre 238, on voit qu'il est composé de la façon suivante :

centaines	dizaines	unités
2	3	8

- Ranger les nombres dans l'**ordre croissant**, c'est les ranger du plus petit au plus grand. Pour comparer, il faut toujours commencer par le chiffre le plus à gauche.

527 < 826

- Ranger les nombres dans l'**ordre décroissant**, c'est les ranger du plus grand au plus petit.

826 > 527

Opérations

12 L'addition

On fait une **addition** pour calculer la **somme** de deux ou plusieurs nombres.

Il faut bien poser les unités sous les unités, les dizaines sous les dizaines, les centaines sous les centaines.

- **Première étape :** on s'occupe d'abord des unités : 8 + 5 = 13. Je pose 3 et je retiens 1.

$$\begin{array}{r} {\scriptstyle 1} \\ 178 \\ +\,145 \\ \hline 3 \end{array}$$

- **Deuxième étape :** on s'occupe ensuite des dizaines : 1 + 7 + 4 = 12. Je pose 2 et je retiens 1.

$$\begin{array}{r} {\scriptstyle 1\,1} \\ 178 \\ +\,145 \\ \hline 23 \end{array}$$

- **Troisième étape :** on s'occupe des centaines : 1 + 1 + 1 = 3. Je pose 3.

$$\begin{array}{r} {\scriptstyle 1\,1} \\ 178 \\ +\,145 \\ \hline 323 \end{array}$$

13 La soustraction

On fait une **soustraction** pour calculer une **différence**, un **reste** ou un **manque**.
Il faut bien poser les unités sous les unités, les dizaines sous les dizaines, les centaines sous les centaines.

- **Première étape :** on s'occupe d'abord des unités.
3 retiré de 5, il reste 2.

$$\begin{array}{r} 4\,7\,5 \\ -\quad 4\,3 \\ \hline 2 \end{array}$$

- **Deuxième étape :** on s'occupe ensuite des dizaines.
4 retiré de 7, il reste 3.

$$\begin{array}{r} 4\,7\,5 \\ -\quad 4\,3 \\ \hline 3\,2 \end{array}$$

- **Troisième étape :** on s'occupe des centaines.
Rien n'est retiré de 4, il reste 4.

$$\begin{array}{r} 4\,7\,5 \\ -\quad 4\,3 \\ \hline 4\,3\,2 \end{array}$$

14 La multiplication

On fait une **multiplication** pour calculer le **produit** de deux nombres.

- **Première étape :** on s'occupe des unités : 6 × 3 = 18.
Je pose 8 et je retiens 1.

$$\begin{array}{r} 1 \\ 2\,6 \\ \times\quad 3 \\ \hline 8 \end{array}$$

- **Deuxième étape :** on s'occupe des dizaines : 2 × 3 = 6. Je n'oublie pas la retenue : 6 + 1 = 7.

$$\begin{array}{r} 1 \\ 2\,6 \\ \times\quad 3 \\ \hline 7\,8 \end{array}$$

Mesures

15 Mesurer le temps

Dans une année, il y a **douze mois**.
Le nombre de jours n'est pas le même chaque mois. Certains mois ont 30 jours, d'autres 31 jours. Attention, le mois de février est le plus court de l'année : il a 28 jours sauf les années bissextiles (tous les 4 ans) où il a 29 jours.

Janvier	Février	Mars	Avril	Mai	Juin
1 V **Jour de l'an**	1 L Ste Ella	1 L St Aubin	1 J St Hugues	1 S **Fête du travail**	1 M St Justin
2 S St Basile	2 M Présentation	2 M St Ch. le Bon	2 V Ste Sandrine	2 **D** St Boris	2 M Ste Blandine
3 **D** Ste Geneviève	3 M St Blaise	3 M St Guénolé	3 S St Richard	3 L Sts Phil. Jacq.	3 J Fête-Dieu
4 L St Odilon	4 J Ste Véronique	4 J St Casimir	4 **D** **Pâques**	4 M St Sylvain	4 V Ste Clotilde
5 M St Edouard	5 V Ste Agathe	5 V Ste Olivia	5 L Ste Irène	5 M Ste Judith	5 S St Igor
6 M **Épiphanie**	6 S St Gaston	6 S Ste Colette	6 M St Marcellin	6 J Ste Prudence	6 **D** St Norbert
7 J St Raymond	7 **D** Ste Eugénie	7 **D** Ste Félicité	7 M St J.-B. de la S.	7 V Ste Gisèle	7 L St Gilbert
8 V St Lucien	8 L Ste Jacqueline	8 L St J.-de-Dieu	8 J Ste Julie	8 S **Victoire 1945**	8 M St Médard
9 S Ste Alix	9 M Ste Apoline	9 M Ste Françoise	9 V St Gautier	9 **D** St Pacôme	9 M Ste Diane
10 **D** St Guillaume	10 M St Arnaud	10 M St Vivien	10 S St Fulbert	10 L Ste Solange	10 J St Landry
11 L St Paulin	11 J N.-D. Lourdes	11 J Ste Rosine	11 **D** St Stanislas	11 M Ste Estelle	11 V St Barnat
12 M Ste Tatiana	12 V St Félix	12 V Ste Justine	12 L St Jules	12 M St Achille	12 S St Guy
13 M Ste Yvette	13 S Ste Béatrice	13 S St Rodrigue	13 M Ste Ida	13 J **Ascension**	13 **D** St A. de Padoue
14 J Ste Nina	14 **D** St Valentin	14 **D** Ste Mathilde	14 M St Maxime	14 V St Matthias	14 L Ste Elisée
15 V St Rémi	15 L St Claude	15 L Ste Louise	15 J St Paterne	15 S Ste Denise	15 M Ste Germaine
16 S St Marcel	16 M Mardi Gras	16 M Ste Bénédicte	16 V St Benoît-J.	16 **D** St Honoré	16 M St Régis
17 **D** Ste Roseline	17 M Cendres	17 M St Patrice	17 S St Anicet	17 L St Pascal	17 J St Hervé
18 L Ste Prisca	18 J Ste Bernadette	18 J St Cyrille	18 **D** St Parfait	18 M St Eric	18 V Ste Léonce
19 M St Marius	19 V St Gabin	19 V St Joseph	19 L Ste Emma	19 M St Yves	19 S St Romuald
20 M St Sébastien	20 S Ste Aimée	20 S **Printemps**	20 M Ste Odette	20 J St Bernardin	20 **D** St Silvère
21 J Ste Agnès	21 **D** St P.-Damien	21 **D** Ste Clémence	21 M St Anselme	21 V St Constantin	21 L **Été**
22 V St Vincent	22 L Ste Isabelle	22 L Ste Léa	22 J St Alexandre	22 S St Emile	22 M St Alban
23 S St Barnard	23 M St Sazare	23 M St Victorien	23 V St Georges	23 **D** **Pentecôte**	23 M Ste Audrey
24 **D** St Fr.-de-Sales	24 M St Modeste	24 M Ste Catherine	24 S St Fidèle	24 L St Donatien	24 J St Jean-B.
25 L Conv. St Paul	25 J St Roméo	25 J Annonciation	25 **D** St Marc	25 M Ste Sophie	25 V St Prosper
26 M Ste Paule	26 V St Nestor	26 V Ste Larissa	26 L Ste Alida	26 M St Bérenger	26 S St Anthelme
27 J Ste Angèle	27 S Ste Honorine	27 S St Habib	27 M Ste Zita	27 J St Augustin	27 **D** St Fernand
28 V St Th. d'Aquin	28 **D** St Romain	28 **D** **Rameaux**	28 M Ste Valérie	28 V St Germain	28 L Ste Irénée
29 S St Gildas		29 L Ste Gladys	29 J Ste C. de Sienne	29 S St Aymard	29 M Sts Pierre, Paul
30 **D** Ste Martine		30 M St Amédée	30 V St Robert	30 **D** Trinité	30 M St Martial
31 L Ste Marcelle		31 M St Benjamin		31 L Visitation	

Juillet	Août	Septembre	Octobre	Novembre	Décembre
1 J St Thierry	1 **D** St Alphonse	1 M St Gilles	1 V Ste Th. de l'E.J.	1 L **Toussaint**	1 M Ste Florence
2 V St Martinien	2 L St Julien	2 J Ste Ingrid	2 S St Léger	2 M Défunts	2 J Ste Viviane
3 S St Thomas	3 M Ste Lydie	3 V St Grégoire	3 **D** St Gérard	3 M St Hubert	3 V St Xavier
4 **D** St Florent	4 M St J.-M. Vianney	4 S Ste Rosalie	4 L St Fr. d'Assise	4 J St Charles	4 S Ste Barbara
5 L St Antoine	5 J St Abel	5 **D** Ste Raïssa	5 M Ste Fleur	5 V Ste Sylvie	5 **D** St Gérald
6 M Ste Marietta	6 V Transfiguration	6 L St Bertrand	6 M St Bruno	6 S Ste Bertille	6 L St Nicolas
7 M St Raoul	7 S St Gaétan	7 M Ste Reine	7 J St Serge	7 **D** Ste Carine	7 M St Ambroise
8 J St Thibault	8 **D** St Dominique	8 M Nativité N.-D.	8 V Ste Pélagie	8 L St Geoffroy	8 M **Imm. Concep.**
9 V Ste Amandine	9 L St Amour	9 J St Alain	9 S St Denis	9 M St Théodore	9 J St P. Fourier
10 S St Ulrich	10 M St Laurent	10 V Ste Inès	10 **D** St Ghislain	10 M St Léon	10 V St Romaric
11 **D** St Benoît	11 M Ste Claire	11 S St Adelphe	11 L St Firmin	11 J **Armistice 1918**	11 S St Daniel
12 L St Olivier	12 J Ste Clarisse	12 **D** St Apollinaire	12 M St Wilfried	12 V St Christian	12 **D** Ste Chantal
13 M Sts Henri, Joël	13 V St Hippolyte	13 L St Aimé	13 M St Géraud	13 S St Brice	13 L Ste Lucie
14 M **Fête nationale**	14 S St Evrard	14 M Croix Glorieuse	14 J St Juste	14 **D** St Sidoine	14 M Ste Odile
15 J St Donald	15 **D** **Assomption**	15 M St Roland	15 V Ste Thérèse d'A.	15 L St Albert	15 M Ste Ninon
16 V Ste Carmen	16 L St Amel	16 J Ste Edith	16 S Ste Edwige	16 M Ste Marguerite	16 J Ste Alice
17 S Ste Charlotte	17 M St Hyacinthe	17 V St Renaud	17 **D** St Baudouin	17 M Ste Elisabeth	17 V St Gaël
18 **D** St Frédéric	18 M Ste Hélène	18 S Ste Nadège	18 L St Luc	18 J Ste Aude	18 S St Gatien
19 L St Arsène	19 J St Jean Eudes	19 **D** Ste Emilie	19 M St René	19 V St Tanguy	19 **D** St Urbain
20 M Ste Marina	20 V St Bernard	20 L St Davy	20 M Ste Adeline	20 S St Edmond	20 L St Abraham
21 M St Victor	21 S St Christophe	21 M St Matthieu	21 J Ste Céline	21 **D** Prés. Marie	21 M St Pierre C.
22 J Ste Marie-M.	22 **D** St Fabrice	22 M St Maurice	22 V Ste Elodie	22 L Ste Cécile	22 M **Hiver**
23 V Ste Brigitte	23 L Ste Rose de L.	23 J **Automne**	23 S St Jean de C.	23 M St Clément	23 J St Armand
24 S Ste Christine	24 M St Barthélémy	24 V Ste Thécie	24 **D** St Florentin	24 M Ste Flora	24 V Ste Adèle
25 **D** St Jacques	25 M St Louis	25 S St Hermann	25 L St Dorian	25 J Ste Catherine L.	25 S **Noël**
26 L Sts Anne, Joacq.	26 J Ste Natacha	26 **D** Sts Côme, Damien	26 M St Dimitri	26 V Ste Delphine	26 **D** St Etienne
27 M Ste Nathalie	27 V Ste Monique	27 L St Vincent de P.	27 M Ste Emeline	27 S St Séverin	27 L St Jean
28 M St Samson	28 S St Augustin	28 M St Venceslas	28 J Sts Simon, Jude	28 **D** St Jacques de M.	28 M Sts Innocents
29 J Ste Marthe	29 **D** Ste Sabine	29 M Sts Michel, Gabriel	29 V St Narcisse	29 L St Saturnin	29 M St David
30 V Ste Juliette	30 L St Fiacre	30 J St Jérôme	30 S Ste Bienvenue	30 M St André	30 J St Roger
31 S St Ignace de L.	31 M St Aristide		31 **D** St Quentin		31 V St Sylvestre

16 Mesures de longueurs

Un mètre (m) vaut 100 centimètres (cm).

Calico mesure **130 cm**, *donc* **1 m 30 cm**.

Un kilomètre (km) vaut 1 000 mètres (m).

17 Lire l'heure

Sur une pendule, la **petite aiguille** indique l'**heure** et la **grande aiguille** les **minutes**.

- Dans une journée, il y a **24 heures**. À partir de midi (12 h), la petite aiguille fait un deuxième tour de cadran.
- Dans une heure, il y a **60 minutes**.

30 minutes = une demi-heure

Il est 10 h 30.
Nous sommes le matin.

Il est 15 h 20.
Nous sommes l'après-midi.

Géométrie

18 Les figures géométriques

- Le **carré** a 4 angles droits et 4 côtés égaux.
- Le **rectangle** a 4 angles droits, 2 grands côtés égaux et 2 petits côtés égaux.
- Le **triangle** a 3 côtés.
- Le **triangle rectangle** a 3 côtés et 1 angle droit.

19 Se repérer sur un quadrillage

Pour repérer une case sur un quadrillage, on commence par regarder la ligne où des lettres sont écrites, puis on regarde la colonne où l'on voit des chiffres.

	A	B	C	D	E
1					
2			●		
3					
4					
5					

Le point rouge est dans la case (C ; 2).

Éducation à la santé

20 Se nourrir

Pour bien se porter, il faut manger de façon équilibrée et donc varier la composition des repas en puisant dans les six familles d'aliments.

Produits laitiers

Matières grasses

Féculents

Protéines

Eau

Fruits et légumes

Les animaux

21 Différentes classes d'animaux

- Dans la mer, on trouve des coquillages, des crustacés, des poissons, mais aussi des mammifères.

- La baleine appartient au groupe des mammifères. Les petits des mammifères naissent déjà formés : ce sont des **vivipares**.

- Le requin, la raie et la sole appartiennent au groupe des poissons. Ils pondent des œufs : ce sont des **ovipares**.

Géographie

22 Se repérer sur une carte

La France est bordée par :
- la mer du Nord,
- la Manche,
- l'océan Atlantique,
- la mer Méditerranée.

Page-indices

Pirates en péril !

du CE1 au CE2

Note ci-dessous les indices que tu as trouvés au cours de ta lecture.

Va vite te connecter sur le site

www.lenigme.com

pour nous envoyer tes indices, et tu pourras télécharger plein de cadeaux !

INDICE 1 ....

INDICE 2 ....

INDICE 3 ....

INDICE 4 ....

INDICE 5 ....

INDICE 6 ....

Bravo ! Tu as trouvé tous les indices !

Table des matières

Chapitre 4 Le courage de Fleur

Chapitre 5 Tiens bon Calico !

Chapitre 6 Les retrouvailles

N° d'éditeur : 10219892 – IRILYS – Février 2016
Imprimé en Italie par BONA